Şefkat: Barışa Götüren Tek Yol

Sri Mata Amritanandamayi'nin Konuşması

12 Ekim 2007
Cinéma Vérité Film Festivali
Paris, Fransa

Mata Amritanandamayi Center, San Ramon
Kaliforniya, Amerika Birleşik Devletleri

Şefkat: Barışa Götüren Tek Yol
İngilizce Çeviri: Swami Amritaswarupananda Puri

Yayımcı
    Mata Amritanandamayi Center
    P.O. Box 613
    San Ramon, CA 94583
    Amerika Birleşik Devletleri

—— *Compassion, the Only Way to Peace (Turkish)* ——

Copyright © 2014 Mata Amritanandamayi Mission Trust, Amritapuri, Kerala, Hindistan

Tüm hakları saklıdır. Bu kitabın tümünün veya içeriğinin herhangi bir bölümünün yayıncının yazılı izni olmadan, fotokopi yöntemi dahil, elektronik ya da mekanik herhangi bir yolla çoğaltılması yasaktır.

Birinci baskı MA Center, Nisan 2016

Eposta: turkey@amma.org
Website: www.amma.org/turkey

Hindistan İletşim Bilgileri:
    www.amritapuri.org
    inform@amritapuri.org

Önsöz

Ekim 2007'de, Fransız film kuruluşu Cinéma Vérité[1] dünyamızda artan doğal ve insani felaketlerle ilgili Amma'dan bir konuşma yapmasını rica etti.

Cinéma Vérité, Jan Kounen'in 2005 yapımı *Darshan: Kucaklama* adlı belgeseli sayesinde, Amma'yı eşsiz bir yardımsever ve manevi lider olarak tanıdı. Kurum, uzun zamandır insan haklarına yönelik yaptığı filmlerle bu yöndeki farkındalığı artırmaya odaklanmıştır. Cinéma Vérité, Kounen'in Amma'yı filme almasından esinlenerek, her yıl bireylerin Dünya Barışı ve Uyumu adına verdiği üstün çabaları için Cinéma Vérité Barış Ödülü'nü dağıtmaya karar verdi. Amma, bu ödüllerden birincisine layık görüldü.

Cinéma Vérité'nin 2007 Film Festivali ödül töreni, Paris'in merkezinde yer alan meşhur Place de la Bastille'in Opera sahnesinde gerçekleştirildi. Festivale katılan kişiler arasında 1997 Nobel Barış Ödülü sahibi Jody Williams, Akademi Ödül Adayı oyuncu Sharon Stone ile

---
[1] Uluslararası Belgesel Film Festivali

Önsöz

Sosyal ve İnsan Hakları Savunucusu Bianca Jagger da vardı.

Amma, Stone ve Kounen tarafından tanıtılarak sahneye davet edildi.

"Amma dışında barış hakkında konuşacak yetkinlikte kesinlikle kimse yoktur" diyen Kounen, "O, hayatını sadece barışçıl olarak yaşamıyor, aynı zamanda barışa da teşvik ediyor. Amma'yı bu sene ilkini düzenlediğimiz Cinéma Vérité Ödülleri'nde dünya barışı ve uyumu için verdiği katkılarını onore etme fırsatını bulmak bize büyük mutluluk veriyor." şeklinde konuşmasını sürdürdü.

Amma'yı başkalarını dönüştürme gücüne sahip bir insan olarak gördüğünü ifade eden Kounen, onu filme çekme deneyiminden şöyle bahsetti: "Filmlerimin konusunu seçebilen bir yönetmen olduğum için şanslıyım. Böylece, Amma ile vakit geçirme şansını yakaladım ve onun ne yaptığını görerek, gerçekte kim olduğunu anlayabildim. Bu bir yolculuğa çıkmamı ve bu yolculuktan ellerimin dolu –bu belgesel ile – dönmemi sağladı. Onunla geçirdiğim bu süre sayesinde başkalarına, Amma'nın kim olduğunu, yakınında olarak nelerin görülebileceğini, algılanabileceğini ve deneyimlenebileceğini aktarmamı mümkün kıldı. Bu bana hem bir mesajı iletme, hem de bir insanın başkalarını dönüştürebildiğini görme fırsatını verdi."

Mistik kültürler hakkında birçok senaryo film ve belgesel çeviren Kounen, Amma'yı filme çekme deneyiminin eşsiz olduğunu ifade etti: "Maneviyat, şifacılar ve mucizeler gibi konuları araştırmış biriyim. Fakat Amma ile mucizelerin görülebilir olduğuna; gözünüzün önünde mucize gerçekleştirdiğine şahit oldum. Bu onu en çarpıcı yapan şey oldu. Ve bunu başkalarıyla paylaşmak için, sadece anı yakalayıp kameraya çekmek kalıyor. Bu filmi yapabilme fırsatını verdiği için ona teşekkür etmek istiyorum. Teşekkür ederim!"

Sharon Stone, Amma hakkında konuşan bir sonraki kişiydi ve sözlerine şöyle başladı: "Bir evliyayı takdim etmek büyük bir görev. Bir meleği ise görüntülemek tümüyle bambaşka bir şey. Darshan filmi olağanüstü ilham verici. Bununla beraber, kendini başkalarına hizmet etmeye adamış bir kişinin hayatı, hepimizin

Cinéma Verité'nin ilkini gerçekleştirdiği festival kapsamında, Akademi Ödül'üne aday olan Sharon Stone, Amma'ya dünya barışı ve uyumu adına yaptığı çalışmaların ödülünü verdi.

tercih edip ve çabalayabileceği bir seçim. Bu seçim, kendinizi başkalarına adama hizmetidir. Görme yetisini kaybederken Milton'un da dediği gibi: "Durmak ve sadece birini beklemek bile, bir hizmet olabilir." Dünyamızda en çok zamana ihtiyaç duyduğumuz devirdeyiz. Harekete geçmeden durup, beklememiz gereken bir zamandayız. Çünkü hayırlı olanı yapmalıyız. Nazik olanı yapmalıyız. Erdemli olanı yapmalıyız.

Amma, tüm hayatı boyunca 'lütuf' adına gerçekleştirebileceği her şeyi yaptı. Bugüne kadar, 26 milyon insana sarıldı. Fakat bunu sadece vermiş olmak için değil, vermenin, iyilik yapmanın, karşısındakini düşünmenin ve başkalarını beklemenin örneğini oluşturmak adına yaptı. Ona sarılmayı beklemek ve kişilerin yaşamlarına iyiliği adapte etmek adına. Kutsal bir insana, bir meleğe ve her şeyden öte aktif bir iyilik elçisine hoşgeldin diyelim.

Amma'ya yaptığı işlerin takdiri olarak, Cinéma Vérité Sharon Stone tarafından kendisine gümüş bir kolye ve bir madalya takdim

Önsöz

etti. Bu tiyatroda büyük bir alkışın kopmasına sebep oldu.

Amma, Şefkat: Barışa Götüren Tek Yol adlı konuşmasında, yapıcı ve gerçekçi bir analizle dünyadaki güncel durumdan merhametli bir tutum ile uyumsuzluğu düzeltebileceğimizden bahsetti.

Samimiyetini, çatışma ve çelişkilere yönelik açıklamalarında da korudu: "Dünyanın başlangıcından bu yana hep bir çatışma var olmuştur. Çatışmanın daimi olduğunu söylemek, endişemizi artırsa da, aslında gerçek bu değil midir?"

Çatışmanın tamamen ortadan kaldıralamayacağını kabul ederken, Amma, davranış ve etik kurallar çerçevesinde savaşların getirdiği yıkımın nasıl engellenebileceğinin altını çizdi. Örneğin, eski savaşlarda piyadelerin sadece piyadelerle, sipahi birliklerinin ise sadece sipahi birlikleri ile çatıştıklarını, silahsız ve savunmasız askerlere asla saldırılmadığını, kadın ve çocuklara zarar verilmediğini, savaşların gün doğumundan gün batımına kadar sürdüğünü ve gün battıktan sonra tüm askerlerin beraber yemek yediklerini anlattı. "Dharma savaşlarındaki

Şefkat: Barışa Götüren Tek Yol

gelenekler çok muazzamdı. Düşman savaş alanının dışında da, içinde de hep sevgi ve saygı ile değerlendirilirdi. Savaşta yenik düşmüş bir krallığın kültürüne ve vatandaşlarının duygularına, galip gelen krallık tarafından saygı gösterilirdi. O zamanların insanları böylesi mert görüşlere sahiptiler."

Bugün ki savaş anlayışına da değinen Amma "Günümüzde savaş halindeki düşman ülkeler birbirlerine karşı saldırırken kural kaide tanımıyorlar. Fethedilen topraklar tekelleştiriliyor, doğal kaynaklar ve zenginlikler bencil emellerle sömürülüyor. Masum insanlar merhametsizce öldürülüyor; nesillerdir yaşayan kültür ve geleneklerin kökü kurutuluyor." dedi.

Amma, insanoğlunun açgözlülüğü ve nefretinin yol açtığı şiddet ve acılar ile insanlık üzerine sayısız bedduanın yağdığını şöyle açıkladı: "Bu bedduanın yükünden kurtulmak için, en az yüz nesil daha dünyaya gelip acı çekenlerin göz yaşlarını silerek, teselli ederek acısını dindirmelidir.

Önsöz

Yaptıklarımızı telafi etmek amacıyla, hiç değilse şimdi içimize dönüp, kendimizi incelemeye almamız gerekmez mi?"

Buna istinaden, Amma dünya liderlerinden savaşa dair eski fikirlerini bir kenara bırakmalarını rica etti: "Savaş hakkındaki eski düşünce kalıplarına son verme zamanıdır. Savaş, gelişmemiş zihinlerin ürünüdür. Artık bu tür düşünce kalıplarının yaprakları dökülüp, yerine merhamet ve güzellik içeren taze yapraklar, çiçekler ve meyveler gelmeli. Adım adım, insanlık ve doğanın üstündeki bu laneti, 'savaş isteyen' içimizdeki canavarı yok edebilir, barış ve mutluluğun çağını başlatabiliriz."

Amma'nın değindiği bir sonraki konu din ve bilim çatışmasıydı. "Din ve bilim birlikte elele ilerlemelidir. Çünkü ikisinden biri olmadığı takdirde, biri yarım kalır ve tamamlanamaz. Fakat toplum bizi, din ve bilim adamlarını birbirinden ayırmamız gerektiğine inandırmaya çalışıyor." Aslında bilim ve dinin çok benzer arayışlar taşıdığını ekleyen Amma, her ikisinin de araştırma yaptığını, birinin içeriye yönelik, diğerinin dışarıya yönelik olduğunu söyledi. "Yaşadığımız dünyanın doğası nedir? Nasıl olur da böylesi mükemmel uyum ile çalışır? Nereden gelmiştir? Nereye gitmekte ve bizi nereye götürmektedir? Ben kimim? ... Bu soruları kim soruyor sizce? Din mi, bilim adamları mı? Her ikisi de."

"Tarihten derslerimizi almalı, fakat geçmişte yaşamamalıyız. Bilim ve maneviyatın birleşimi bizi geçmişin karanlık koridorlarından çıkarıp, huzurun, uyumun ve birliğin ışığına doğru yönlendirecektir" diye tamamladı.

Amma, ayrıca dinlerin birer aydınlanma aracı iken, dar görüşlülük ve cehalet yüzünden nasıl bir çatışma zeminine dönüştüklerine şöyle değindi: "Maneviyat, bize kalplerimizi açıp herkese merhametle bakma anahtarını sunar. Fakat bencillikten kör olan zihinlerimiz doğru yargılamayı kaybetmiş ve görüşümüz bulanıklaşmıştır. Bencillik, karanlığı artırır. Düşüncesiz bakış açısı ile kalbimizi içeriden kilitlemek yerine maneviyat anahtarını kullanarak kalplerimizi açabiliriz.

Önsöz

Amma, konuşmasının büyük bir bölümünü insanın doğadan uzaklaşmasına: deprem, tsunami, global ısınma, sertleşen hava koşulları ve kuraklık gibi doğal afetlere ayırdı."

Ve burada da geçmişi günümüz ile karşılaştırarak şöyle devam etti: "Eski günlerde çevreyi korumak adına bu kadar girişim ihtiyacı yoktu, çünkü doğayı korumak, tanrıya ve yaşama yapılan ibadetin kendisiydi. Tanrıyı hatırlamaktan ziyade insanlar doğayı ve toplumu koruyup ona hizmet ediyorlardı. Yaradanı yaratılanda görüyor, seviyor, sayıyor ve koruyorlardı. Bu tutumumuzu yeniden uyandırmaya çalışabiliriz. Şu anda, insanoğlunun en büyük tehdidi üçüncü dünya savaşı değil, doğaya olan bağlantımızın yavaş yavaş kopması ve ondan uzaklaşmamızdır. Her bireyin bu konuda farkındalığını artırarak, keskinleştirmeliyiz. Sadece o zaman insanlık ayakta kalabilir."

Amma, insanoğlunun doğa ile yeniden bağlantı kurabilmesi için birkaç öneride bulundu: Fabrikalara çevreyi korumak için daha fazla kural getirmek, arabaları ortaklaşa kullanmak veya kısa mesafeleri yürüyerek ya da bisikletle

Şefkat: Barışa Götüren Tek Yol

gitmek, kendi sebze bahçemizi oluşturmak ve her ay en azından bir ağaç dikmek.

Amma sözlerine şöyle devam etti: "Doğa bizim ilk annemizdir. O, bizi hayatımız boyunca besler. Annemiz bizi birkaç sene kucağına alırken, doğa ana ise bizi sabırla tüm yaşamımız boyunca kucağında taşır. Geceleri uyumamız için ninni söyler, bizi besler ve bize bakar. Kendi annemize duyduğumuz sorumluluk gibi, doğa anaya da aynı sorumluluğu göstermeliyiz. Bu sorumluluğu unutmak demek, kendimizi unutmak demektir. Doğayı unutmak, çıkışa, ölüme doğru hızla yol alıp, yaşama son vermek demektir."

Konuşması boyunca Amma, şefkatin tüm bu çatışmaların tek çözümü olduğunu tekrar tekrar vurguladı. "Şefkat, barışın temelidir. Herkesin içinde şefkat tohumu vardır. Ancak o tohumu yeşertip merhameti deneyimlemek, bütün hareketlerimize onu yansıtmak kolay değil. İçimize dönüp o tohumu inatla aramalıyız. Dış dünyamıza barışı ve huzuru getirmek istiyorsak, önce iç dünyamız barış ve huzur halinde olmalıdır."

Önsöz

İngilizce ve Fransızca'ya simultane çevrilen Amma'nın konuşması büyük alkış aldı. Ardından gece, sözlerden ziyade yine aksiyon halinde devam etti: Amma, içten gelen Darshan'ı ile her bir davetliyi kucakladı.

Swami Amritaswarupananda Puri
Yönetim Kurulu Başkan Yardımcısı
Mata Amritanandamayi Math

Şefkat: Barışa Götüren Tek Yol

Sri Mata Amritanandamayi'nin Konuşması
12 Ekim 2007 – Paris, Fransa

Dünyanın başlangıcından bu yana hep bir çatışma var olmuştur. Çatışmanın daimi olduğunu söylemek, endişemizi artırsa da, aslında gerçek bu değil midir?

Bunun sebebi, iyi ve kötünün, dünyada daima olacak olmasıdır. İyiliği kabul edip kötülüğü reddetmenin sonucunda çıkacak çatışmalar göz ardı edilemez. Bu tür çatışmalar hemen hemen tüm ülkelerde isyan ve iç savaşlara sebep olmuştur. Genelde bu savaşlar, kişisel alanların korunması ve bireysel ihtiyaçların karşılanmasına yönelik olsa bile, bazen toplum bireylerinin ihtiyaçları da gözetilerek iyiliğin kazandığı görülmüştür.

Ne yazık ki, insanın başlattığı bu savaşların konuları gerçek ve adil olmasından ziyade, daha çok bencil çıkarlar taşıyordu.

Şefkat: Barışa Götüren Tek Yol

Bundan yaklaşık 5000 yıl önce, Mahurya İmparatorluğu'nun kurucusu hint kralı Çandra Gupta Mahurya için, hakikat ve *dharma (doğruluk)* kavramları Hindistan'da gerçekleşen tüm savaşlarda ana role sahipti.

O zamanlarda da, düşmanı mağlup etmek ve gerekirse yok etmek savaşın bir parçasıydı. Yine de, savaş alanında ve savaşırken herkesin uyduğu belli kurallar vardı.

Örneğin, piyadeler yalnızca piyadelerle, sipahiler ise yalnızca sipahilerle çarpışırdı. Fillerin ve arabaların üzerinde cenk eden askerler, sadece ve sadece kendilerine denk donanıma ve zırha sahip düşman askerleri ile dövüşürdü. Benzer kaide topuzlarla, mızraklarla, kılıçlarla, ok ve yayla savaşanlar için de geçerli idi. Yaralı, zırhsız ve silahsız askere, çocuklara, yaşlılara, kadınlara ya da hastalara saldırılması yasaktı. Şafak vakti, conch'a[1] üflenmesiyle savaş başlar, akşam gün batımı ile bütün askerler savaşmayı bırakır, her iki tarafın birlikleri bir arada yemek yer, düşmanlığı unuturlardı. Ve savaş, ertesi sabah güneşin doğmasıyla devam ederdi.

---

[1] Bir tür deniz kabuklusu. Kabuğu boru olarak kullanılırmış.

Sri Mata Amritanandamayi'nin Konuşması

Kimi kralların, zaferle döndükleri savaşın ardından, elde ettikleri tüm ganimeti ve aldıkları toprakları, tasasızca mağlup ettikleri krala ya da onun varisine verdikleri görülmüştür. Dharma savaşlarındaki bu gelenekler muhteşemdi. Düşman savaş alanının dışında da, içinde de hep sevgi ve saygı ile değerlendirilirdi. Savaşta yenik düşmüş bir krallığın kültürüne ve vatandaşlarının duygularına, galip gelen krallık tarafından saygı gösterilirdi. O zamanların insanları böylesine mert görüşlere sahiptiler.

Günümüzde, ise havalimanları ve başka umuma açık alanlarda terörist saldırılarını engellemek adına katı güvenlik tedbirleri alınmaktadır. Fiziksel güvenliğimiz için gerekli olan böylesi tedbirler, maalesef kesin çözüm değildir. Aslında, hiçbir güvenlik taramasında tespit edilemeyen çok güçlü patlayıcılar vardır. Bu patlayıcılar, insanın zihninde barınan nefret ve intikam duygularıdır.

Bu bağlamda, Amma bir hikaye anımsar.

Bir köy ağası 100. doğum gününü kutluyormuş. Pek çok mevki sahibi kişi ve gazeteci de kutlamaya davetliymiş. Gazetecilerden biri ağaya sormuş: "Bu uzun yaşamınızda, sizi en çok gururlandıran olay nedir?"

Yaşlı adam: "100. yaşıma bastım ve şu dünyada tek bir düşmanım yok." cevabını vermiş. "Gerçekten mi? Bu harika değil mi?" demiş gazeteci, "Hayatınızın herkese ilham vermesini dilerim. Peki, bunun nasıl mümkün olduğunu anlatabilir misiniz?"

Ağa şöyle cevap vermiş: "Bu çok basit, hiçbirinin hayatta kalmasına izin vermedim!"

Şayet yıkıcı duygularımızı kökünden söküp atmazsak, savaş ve şiddet de son bulmaz.

Günümüzde, savaş durumunda düşman ülkeler birbirlerine kural kaide tanımaksızın saldırıyorlar. Fethedilenler boyunduruk altına alınıyor, doğal kaynak ve zenginlikler bencilce emellerle sömürülüyor. Masum insanlar insafsızca öldürülüyor; nesillerdir yaşayan kültür ve geleneklerin kökü kurutuluyor.

Dahası, savaş silahları ve bombalardan yayılan toksik gazların, dumanların, atmosfere, havaya, suya ve toprağa verdiği zarar hesap bile edilemiyor. Bunların fiziksel ve zihinsel sonuçlarından kaç neslin daha muzdarip

Sri Mata Amritanandamayi'nin Konuşması

olacağı, hiç düşünülmüyor. Savaşın ardından geriye kalan yalnızca ölüm, yoksulluk, açlık ve salgın hastalıklardır. İşte savaşların insanlığa armağanları bunlardır.

Bugün, bazı zengin ülkeler savaşları teşvik ederek kendi ürettikleri yeni silahlara pazar yaratma çabasındalar. Hangi eylemi sergilersek sergileyelim, savaş durumunda bile, hakikat ve dharma kavramlarının korunması esastır.

Amma savaşın engellenemez olduğunu söylemiyor. Prensipte, savaşın gerektiği hiçbir zaman yoktur. Ama insanoğlunun zihnindeki ve kalbindeki çatışma sürdükçe, dış dünyadaki çatışmaların ve savaşların son bulması mümkün müdür? Bu gerçekten üzerinde düşünmemiz gereken bir soru.

Günümüz dünyasında yaşanan çatışmaların büyük bölümünün temelinde bilim ve din arasındaki keskin ayrım yatmakta. Oysa ki, din ve bilim elele ilerlemelidir. Din olmadan bilim, bilim olmadan da din eksik kalmış olur.

Fakat toplum bizi, din ve bilim adamlarını birbirinden ayırmamız gerektiğini inandırmaya çalışıyor. Bilim adamları, din ve maneviyatın tek dayanağının körü körüne inanç olduğunu iddia ediyor. Öte yandan bilimin deneylerle kanıtlanmış gerçekler üzerine temellendirildiğini söylüyor. Hangi taraftasın? İnanç mı, yoksa ispatlanmış gerçekler tarafında mı, gibi sorular soruluyor.

Dinin ve maneviyatın kör inanca dayandığını ve prensiplerinin kanıtlanamayacağını söylemek yanlıştır. Aslında manevi ustalar ve hocalar, modern bilim adamlarından bile fazla araştırma yapmış olabilirler. Aynı dış dünyayı araştıran modern bilim adamları gibi, büyük bilgeler de zihinlerinin içsel laboratuvarlarında araştırma yapıyorlar. Buradan bakınca, ikisinin de bilim adamı olduğunu söyleyebiliriz. Gerçekte, dinin temelleri kör inanç değil, *sraddha*'dır. Sraddha, incelemedir; kişinin yoğun kişisel keşif sürecini tanımlar.

Yaşadığımız dünyanın doğası nedir? Nasıl olur da böylesi mükemmel uyum ile çalışır? Nereden gelmiştir? Nereye gitmekte ve bizi nereye götürmektedir? Ben kimim? ... Bu tür soruları kim soruyor? Din mi, bilim adamları mı? Her ikisi de.

Sri Mata Amritanandamayi'nin Konuşması

Geçmişin bilgeleri aydın olmalarının yanı sıra, hakikati görme lütfuna ermiş, gözleri açılmış kişilerdi. Aydınlar, kesinlikle toplumun en önemli değerleridir. Bununla birlikte, söz ve düşünceler yeterli değildir. Aslolan, bu prensiplere göre yaşayıp, söz ve düşüncelere nefesleriyle can ve güzellik veren insanlardır.

Uzun zaman önce, bir *mahatma (evliya)*, *Yaşamda Merhamet* başlıklı bir kitap yazar. Kitabın basımına bağış toplamak için, sponsor olacak kişileri davet eder. Tam basım için gereken para toplanır ki, köyde büyük bir kıtlık baş gösterir ve bir sürü insan ölümle pençeleşir hale düşer. Bir an için dahi tereddüt etmeyen mahatma, kitabın basımı için toplanmış parayı, köydeki aç ve parasız insanların doyurulmasında kullanır. Kitabın maddi destekçileri duruma kızar ve kendisine çıkışırlar: "Sen ne yaptın böyle? Şimdi kitap nasıl basılacak? Fakirlik ve açlık dünyanın kuralıdır. Doğmak ve ölmek yaşamın her daim parçalarıdır. Bu kadar çok parayı, bir doğal felaketin yoluna sermek doğru değil." Mahatma yanıtlamadan sadece gülümser.

Şefkat: Barışa Götüren Tek Yol

Bir vakit sonra, mahatma bir kez daha kitabın basılması için destek talep eder. Sponsorlar, tereddüt etseler dahi kabul ederler. Ancak kitap basıma gitmeden bir önceki gün, büyük bir sel felaketi olur. Binlerce kişi ölür, çok daha fazlası evini ve malını yitirir. Mahatma yine toplanan tüm parayı felaketzedelere yardım etmekte kullanır. Bu defa, sponsorlar daha da öfkelenirler. Mahatma ile çok sert konuşurlar. Mahatma yine yanıt vermez, sadece gülümser.

Kitap en nihayetinde basıldığında, kitabın başlığı *Yaşamda Merhamet: Üçüncü Bölüm* olur. Bunu gören destekçiler kızarlar: "Hey, sen bir sannyasi – hakikatin takipçisi – değil miydin? Nasıl olur da böyle yalan söylersin? Bu kitap nasıl üçüncü bölüm olabilir ki? Tek bir kitap yazdın ve basıldı; bu üçüncü bölüm ise, ilk ikisi nerede? Bizi kandırmaya mı çalışıyorsun?"

Mahatma sonunda cevap verir: "Aslında bu kitap gerçekten de üçüncü bölümdür. Birinci bölüm, köyümüz açlıktan kırılırken, ikinci bölüm ise binlerce masum insanın canı, malı sele karışıp gittiğindeydi. İlk iki bölüm bize günlük hayatımıza merhameti nasıl dahil edebileceğimiz üzerineydi. Değerli dostlarım, kitaplar yalnızca cansız, durağan kelimeler topluluğudurlar. Bizler, yaşayan bir insan imdat diye haykırdığında, kendisine yardım elini sevgiyle uzatmadıktan sonra, merhametin ne olduğunu anlatan bir kitabın ne anlamı var ki?"

Söz ve düşüncelerimize anlam ve farkındalık katmak istiyorsak, onları eyleme dökmeliyiz. Bu amaç doğrultusunda da, din ve bilimin uyum içinde birlikte ilerleyebileceği bir yol bulmalıyız. Bahsettiğimiz bu uyum, salt bir gösterişten ibaret olmamalıdır. Toplumun yararı için, din ve bilim birliğini anlayarak, kararlı adımlar atmalıyız.

Kişinin zihni, salt bilim odaklı ise, kişi şefkatli olamaz. Bu zihin ile kişi daha ziyade başkalarına saldırmaya, güç bakımından üstün gelmeye ve zarar vermeye yatkındır. Öte taraftan, bilimsel bilgi, manevi anlayış – din olgusunun özü – ile harmanlandığında, bu birleşimden tüm canlılara yönelik şefkat ve sempati duyguları eşzamanlı olarak doğar.

Dünya tarihi öncelikle sahtekarlık, düşmanlık, intikam ve kin öyküleriyle doludur. İnsanoğlunun her şeyi gücü altına alma ve herkesi

Şefkat: Barışa Götüren Tek Yol

kendi emrinde tutma çabaları uğrunda akıttığı kandan nehirler, günümüzde hala kurutulmayı beklemekte. İşin aslı geçmişe baktığımızda, insan ırkının, bir zerre bile merhametli olamadan, hep zalimce hareket ettiğini görüyoruz.

Tarihten derslerimizi almalı, fakat geçmişte yaşamamalıyız. Bilim ve spiritüelliğin birleşimi, bizi karanlık koridorlardan çıkarıp, barış, uyum ve birliğin ışığına götürecektir.

Maneviyat, kalplerimizi açabileceğimiz ve herkese şefkatli yaklaşabileceğimiz anahtardır. Fakat bencillikten kör olan zihinlerimiz doğru yargılamayı kaybetmiş ve görüşümüz bulanıklaşmıştır. Bencillik, karanlığı daha da arttırır. Bu bakış açısı ile kalbimizi içeriden kilitlemek yerine maneviyat anahtarını kullanarak kalplerimizi açabiliriz.

Birlikte yolculuk etmekte olan dört adam hakkında bir öykü var. Bu dört adam, dini bir konferansa katılmak üzere geceyi bir adada geçirmek zorunda kalmışlar. O gece hava buz gibiymiş. Her yolcunun yanında, ateş yakmak için biraz odun ve kibrit varmış. Fakat, her biri kendini yanında odun ve kibrit olan tek kişi sanıyormuş.

Birinci adam içinden, "Boynundaki kolyeye bakılırsa, şu karşımdaki adam başka bir dinden. Eğer ateş yakarsam, o da faydalanacak. Neden kıymetli odunumu onu sıcak tutmak için kullanayım ki?" diye düşünmüş.

İkinci adam ise, "Şu yanımdaki adam, daima bize karşı savaşmış olan ülkeden geliyor. Onu rahat ettirmek için ateşimi kullanmayı aklımın ucundan geçiremem bile."

Üçüncü adam oturan diğeri için "Şunu tanıyorum ben, mezhebi bozuk onun. Dinimizde hep bir sorun çıkartır onlar. Onun uğrunda ateşimi harcamayacağım!" diye iç geçirmiş.

Dördüncü adam ise, "Şu adamın teni başka bir renk ve bundan nefret ederim. Mümkün değil, onun için yakacağımı bitirmem!" diye düşünüyormuş.

Sonunda hepsi, bir diğerini ısıtacağım korkusundan dolayı, yakacağını kullanmayınca soğuktan donarak ölmüş. Bizler de buna benzer, din, ırk, renk ve sınıf farkı gözeterek, birbirimize merhamet yerine kin ve düşmanlık besliyoruz.

Şefkat: Barışa Götüren Tek Yol

Dünya barışı başlığı altında birçok konferans düzenliyoruz. Peki, sırf masanın etrafında toplanıp konuşarak, bir şeylerin değişebileceğini ne kadar umuyoruz? Her şey söylenip, yapıldığında ve sonunda el sıkışıldığında, bu tokalaşma eylemi ile kalplerimizde sevgi ve merhametin sıcaklığını hissedebiliyor muyuz? Eğer böyle duygular hissetmemişsek, o konuşmayı hiç olmamış kabul edebiliriz. Gerçek bir fikir alışverişinin gerekliliği, açık ve kalpten hissedilen birlik duygusudur; bununla beraber düşmanlık ve sahte kavramlarla inşa edilen hınç duyguları da yok edilmelidir.

Herkes çevrenin korunması konusunda kaygılanıyor. Ne var ki, doğanın bize vermeye çalıştığı dersleri öğrenemiyoruz. Kışın doğayı gözlemleyin. Ağaçlar eski yapraklarını döker, meyve vermezler, hatta kuşlar bile dallarında nadiren misafir olurlar. Fakat baharın yaklaşmasıyla, bütün dünyada bir dönüşüm başgösterir. Yeni yapraklar filizlenir, kuru dallar yeşerir, ardından çiçeklenip, meyvelenir. Kuşlar yeniden kanatlarını çırpmaya başlar ve cıvıltıları her yanı sarar. Etraf bahar kokmaya başlayarak, canlanır. Daha birkaç ay önce ölüyormuş gibi görünen ağaçlardan, yepyeni yaşam ve taptaze güzellik fışkırmaya başlar.

Doğadan alınabilecek bu örnek ile, ülkeler ve onların liderleri, savaşa dair eski görüş ve fikirlerini bir kenara bırakmalılar. Savaş adına gösterilen merhametsizliğe ve zulümlere son verme zamanıdır. Savaş, gelişmemiş zihinlerin ürünüdür. Artık bu tür düşünce kalıplarının yaprakları dökülüp, yerine şefkat ve güzellik içeren taze yapraklar, çiçekler ve meyveler gelmeli. Adım adım, insanlık ve doğanın üstündeki bu laneti, 'savaş isteyen' içimizdeki canavarı yok edebilir, barış ve mutluluğun çağını başlatabiliriz.

Şefkat barışın temelidir. Herkesin içinde şefkat tohumu vardır. Ancak, o tohumu yeşertip merhameti deneyimlemek ve tüm eylemlerimize onu yansıtmak kolay değildir. Kendi içimize dönüp, derin araştırmalar yapmalıyız.

Kalbim hala yaşamla ışıldıyor mu? İçimde hala sevgi ve şefkatin kaynağını hissedebiliyor muyum? Başkalarının acıları ve üzüntüleri karşısında kalbim hala eriyor mu? Izdırap

Şefkat: Barışa Götüren Tek Yol

çekenlerin yanında olup onlarla birlikte ağladım mı? Gerçekten de, başkasını avutabilmek için göz yaşlarını sildim mi? İhtiyacı olana kıyafet veya yemek verdim mi? Gibi soruları kendimize sordukça, dürüstçe iç gözlem yapabiliriz. Ve böylece kendiliğinden, merhametin dinginleştiren ay ışığı zihinlerimizde parlayacaktır.

Dış dünyaya barış ve huzuru getirmek istiyorsak, öncelikle iç dünyamızın barış ve huzur evresine gelmiş olması gerekir. Barış, entelektüel bir karar değildir. Barış, bir deneyim, bir tecrübedir.

Şefkat ve cana yakınlık bir lideri tam anlamıyla cesur kılar. Parası, silahı ve teknik bilgisi olan herkes savaşa girebilir. Fakat kimse sevginin ve gönül birliğinin gücünü yenemez.

Şayet zihinlerimiz, gözlerimiz, kulaklarımız ve ellerimiz başkalarının üzüntü ve acılarını gerçekten anlayıp hissedebilseydi, kaç intihar engellenebilirdi? Kaç insan kalacak yer, yemek ve kıyafet edinebilirdi? Kaç çocuk yetim olmaktan kurtulurdu? Yaşamak için bedenlerini satan kaç kadına yardım edilebilirdi? Parası olmadığı için hastalıkla mücadele eden kaç insana ilaç

Sri Mata Amritanandamayi'nin Konuşması

ve tedavi sunulabilirdi? Para, şöhret ve mevki adına verilen kavgaların kaçı önlenebilirdi?

Birinci adım, cansız diye atfettiğimiz, kaya, taş, kum, odun ve buna benzer diğer objelere karşı sevgi ve saygıyla merhamet duygusunu geliştirmektir. Cansız şeylere sevgi, şefkat ve saygı geliştirdikçe, ağaçlara, dallara, kuşlara, hayvanlara, okyanustaki yaşama, nehirlere, dağlara, yani tüm doğaya karşı merhamet ve sevgiyi geliştirmek kolaylaşır. Bu hal'e ulaşabilirsek, otomatikman insanlığa karşı şefkatli olmaya başlayacağız.

Sandalyeye ve kayaya, bize oturacak ve dinlenecek yer sağladığı için teşekkür etmemiz gerekmez mi? Üzerinde koşabileceğimiz, zıplayıp, oynayabileceğimiz bir alan yaratan; sabırla kucağını açan toprak anamıza şükranlarımızı sunmamız gerekmez mi? Bizim için şarkı söyleyen kuşlara, bizim için açan çiçeklere, bize gölge yaratan ağaçlara ve bizim için akan nehirlere şükran duymamız gerekmez mi?

Her şafak vakti, yeni bir güneşin doğuşu ile selamlanırız. Geceleyin, her şeyi unutup uyuduğumuzda, başımıza ölüm dahi gelebilir.

Şefkat: Barışa Götüren Tek Yol

O İlahi Güce, sabah sapasağlam uyandığımızda, bedenimizin ve zihnimizin hiçbir şey olmadan hala sağlıkla çalışabildiği için hiç teşekkür ediyor muyuz? Bu açıdan bakınca, herkese ve her şeye şükran duymamız gerekmez mi? İşte, sadece merhametli ve şefkatli insanlar şükranlarını gösterebilir.

Ne insanoğlunun sebep olduğu savaş ve ölümlerin sonu, ne de bu trajedinin masum kurbanlarının döktüğü göz yaşlarının sonu vardır. Peki, bütün bunlar ne içindi? Fethetmek, üstünlük sağlamak, para ve şöhret açlığını tatmin etmek için maalesef! İnsanlık, kendi üzerine sayısız bedduayı çekmiştir. Bu bedduanın yükünden kurtulmak için, en az yüz neslin daha dünyaya gelip acı çekenlerin göz yaşlarını silip, teselli ederek acısını dindirmelidir. Yaptıklarımızı telafi etmek amacıyla, hiç değilse şimdi içimize dönüp, kendimizi incelemeye almamız gerekmez mi?

Çıkarcı, bencil ve iktidar açlığı olan hiçbir lider bugüne kadar yaptığı fetih ve zulümlerle, mutluluğu ve huzuru bulamamıştır. Onların ölümleri ve iktidar dönemleri insanlara dünyada

Sri Mata Amritanandamayi'nin Konuşması

cehennemi yaşattı. Tarih bu gerçeği kanıtlamıştır. Şükran ile bu değerli fırsatı kabul etmeli ve merhametle barış yolunda ilerlemeliyiz.

Bu dünyaya elimiz boş geliyor ve elimiz boş dönüyoruz. Dünyaya ve dünya mülküne karşı tarafsız kalıp, bel bağlamamayı öğrenmeliyiz, çünkü hiçbiri bize daimi ve gerçek mutluluğu getirmeyecektir.

Sizin de bildiğiniz gibi, Büyük İskender, dünyanın neredeyse üçte birini fethetmiş bir hükümdar ve savaşçıydı. O dünyanın imparatoru olmak isterken, savaşta yenildiğinde, ölümcül bir hastalığa yakalanır. Ölmeden birkaç gün önce cenazesini konuşmak için vezirlerini çağırır. Onlara, tabutunun her iki yanından, ellerini ve kollarını sarkıtabileceği delikler açmalarını söyler. Vezirleri şaşırır, İskender'in bu arzusunun sebebini merak ederler.

Büyük İskender, tüm hayatını fethetmeye adamış, neredeyse dünyaya sahip olmuş büyük bir imparatorun bile, bu dünyayı nasıl bomboş ellerle terkettiğini, kendi bedenini dahi götüremediğini, herkesin görmesini istemiş. Böylece insanların, yaşamlarını hep daha fazlasına sahip olmak uğruna tüketmelerinin ne büyük bir yanılgı olduğunu anlamalarını istemiştir.

Bu dünyanın ve dünya mülklerinin gelip geçici olduğunu anlamamız gerekiyor. Hepsi geçicidir ve ölümden sonra hiçbiri bizimle olamayacaktır.

Bu kainatın bir düzeni var. Rüzgarın, yağmurun, dalgaların, nefesimizin ve kalbimizin, hepsinin bir ritmi ve düzeni var. Aynı şekilde yaşamın da bir ritmi var. Düşüncelerimiz ve eylemlerimiz, hayatımızın ritmini ve ezgisini oluşturur. Düşüncelerimizin ritmi kaçarsa, bu eylemlerimize de yansır. Sonuçta, zincirleme etkileşim ile yaşamın tüm ritmi kaybolur. Günümüzdeki manzara da tam anlamıyla budur.

Havanın da suyun da günden güne daha fazla kirlendiğini fark ediyoruz. Nehirler kuruyor, ormanlar yok ediliyor ve yeni salgın hastalıklar türüyor. Bu şekilde devam edersek, doğayı ve insanlığı büyük bir felaket bekliyor.

Amma, kirliliğin çevre üzerindeki etkilerini şu örnekle açıklıyor: Amma küçükken, bir çocuk yaralanıp, vücudunda küçük bir sıyrık veya kesik olduğunda, annesi yarasını inek gübresi ile kapatırmış. Bu yaranın daha hızlı iyileşmesini sağlarmış. Fakat aynısını bugün yapıyor olsaydık, yara iltihap kapar, hatta ölüme bile götürebilirdi. Zira, günümüzde inek gübresi zehirli olmuştur. Geçmişte ilaç niyeti gören şey, bugün zehir haline gelmiştir.

Şimdiki nesil, doğa ile hiçbir ilişkisi yokmuş gibi yaşıyor. Etrafımızdaki her şey yapay. Yediğimiz meyve, tükettiğimiz tahılların hepsi yapay gübre ve tarım ilaçları ile büyütülüyor. Ömürlerini uzatmak için, içine koruyucu katkı maddeleri katıyoruz. Böylelikle, bilinçli bilinçsiz sürekli zehir tüketiyoruz. Bunun sonucunda da bir sürü yeni hastalık doğuyor. Aslında, uzun zaman önce insan ömrü ortalama 100 yaşını aşıyordu. Şimdi ise insanlar 80 yaş veya altına kadar yaşıyor ve nüfusun yüzde 75'i herhangi bir hastalığa yakalanıyor.

Sadece yediğimiz gıdalar ve içtiğimiz sular kirlenmekle kalmamış, soluduğumuz hava da zehirli hale gelmiştir. Bu yüzden, insanlığın bağışıklık sistemi zayıflamıştır. Birçok insan, nefes açıcı spreye bağlı nefes alabiliyor. Bu sayı gün geçtikçe artıyor. Birkaç yıl içinde, uzaydaki

Şefkat: Barışa Götüren Tek Yol

astronotlar gibi biz de solumak için sırtımızda hava tüplerimizle gezmeye başlayabiliriz.

Çoğu insanın günümüzde birçok şeye alerjisi var, önemsiz görünen şeylere bile. Doğadan uzaklaştıkça, hayatta kalmak bizim için zorlaşıyor.

Bugünlerde, sadece insanlar değil, beslediğimiz hayvan ve bitkiler de doğadan kopuk yetişiyor. Yabani bitkiler, hava nasıl olursa olsun, doğanın koşullarına adapte olabiliyor. Fakat ev bitkileri, böcek ve hastalıklara karşı kendini savunamayacağı için ilaçlanması gerekiyor. O kadar çok özel ilgiye ihtiyaçları var ki, tek başlarına yaşamaları mümkün olamıyor.

Ormanlar yok edilerek, yerlerine apartman kompleksleri dikiliyor. Ağaçlarından olan kuşlar da, yuvalarını apartmanlara yapmaya başlıyor. Yuvalarını yakından incelediğimizde, çalı, çırpı, dal yerine tel ve plastiklerden yaptıklarını görebiliriz. Gelecekte ağaç bile kalmayabilir. Gitgide azalan ağaçlar yüzünden, kuşlar da çevre koşullarına bu şekilde uyum sağlıyor.

Bal arılarının durumu da buna benziyor. Genelde arılar, bitki özünü bulmak için kovanlarından 3 km kadar uzaklaşabilirler. Fakat artık, böcek ilaçlı polenleri topladıktan sonra, arılar kovanlarının yerini hatırlayamayıp, kayboluyor. Kovanına ulaşamayan arı sonunda ölüyor.

İşin aslı, bal arıları sayesinde yiyeceğimiz vardır. Onlar, çiçek tozlarını yayarak, meyve ve tahılların oluşmasını sağlar. Doğa ile toplumun korunmasında da hayati rol oynadıklarını söyleyebiliriz. Aynı insanoğlunun, yaşayan her bir varlıktan faydalandığı gibi, yeryüzündeki her bir canlı, diğerinin hayatta kalmasına bağlıdır. Motoru bozulan uçak uçamaz. Sadece bir vidası zarar görmüş olsa bile, uçağın uçması mümkün değildir. Bunun gibi, yaşamdaki en küçük varlık dahi önemli bir rol oynar.

Hayatta kalmak için, tüm varlıklar yardımımıza muhtaçtır ve bizim sorumluluğumuz altındadır.

Her gün artan nüfusla birlikte, yeterli miktarda gıda ve tahıl üretimi zorlaşmaktadır. Çoğalan talebi karşılamak ve üretimi artırmak için bilim adamları, yapay yöntemler izleyerek, kimyasal gübreleme gibi ürünler geliştiriyorlar.

Şefkat: Barışa Götüren Tek Yol

Kimyasal gübrelerin yardımı ile normalde altı ayda yetişen sebzeler, iki ay içinde olgunlaşıyor, fakat besin değerinin üçte birini kaybederek ömürleri kısalıyor. Bu yapay yöntemlerin geri teptiği apaçık ortadadır.

Doğa, altın yumurtlayan tavuk gibidir. Tavuğu öldürüp, altın yumurtaların hepsini toplamaya çalışırsak, her şeyi kaybetmiş oluruz. Doğa anamızı kirletmeye ve sömürmeye son vermeliyiz. Varlığımızı sürdürebilmek ve gelecek nesillerin hayatlarını garanti altına almak için onu korumalıyız. Tabiat, insanlığa bereket veren bir dilek ağacı gibidir. Bugün ki durumumuz ise, 'oturduğu dalını kesen aptal' deyiminin tam karşılığıdır.

Beyaz kan hücrelerimizin sayısının artması, kanserin bir işareti olabilir. Aslında beyaz kan hücreleri tehlikeli değildir, fakat belli bir sayı sınırını geçtiği takdirde hastalanabiliriz. Benzer şekilde, yaşayabilmek için doğanın kaynaklarına ihtiyacımız vardır. Fakat bu kaynakları sömürüp, zarar veririrsek, hem kendimizi, hem de başkalarını tehlikeye atmış oluruz.

Sri Mata Amritanandamayi'nin Konuşması

Amma'nın bir ricası var: Bu gezegen üzerinde, doğaya yeniden uyumlanabilmek için herkes kendi payına düşeni yerine getirmeli. İlk olarak, kirliliği önlemek için ne yapılması gerekiyorsa ivedelikle yapmalıyız. Sanayileşme ve fabrikalar kaçınılmaz, ancak onların yol açtığı hava ve su kirliliğini azaltmak için yeni yöntemler bulmalıyız. Bunun yanında sanayi bölgelerini yerleşim yerlerinden uzağa inşa etmemiz gerekir.

Şehirlerde motorlu araçların sayısındaki artış hava kirliliğinin ana sebeplerinden biridir. Daha şimdiden çoğu aile en az bir otomobil sahibi. Oysa, birbirlerine yakın yerlerde yaşayan ve çalışan insanlar biraraya gelip, tek bir araçla işe gidip gelseler, beş araç tek bir araca düşürülebilir. Bunu tüm ülke yapıyor olsaydı, sayı 100.000'den 20.000 araca düşerdi. Böylece, kirlilik radikal bir şekilde indirgenir, hem de petrolden tasarruf edilmiş olunurdu. Hepimiz petrol rezervelerinin süratle tükendiğini biliyoruz. Toplu taşıma araçlarını kullanarak veya özel araçlarımızla birkaç kişi birleşip işe giderek, petrolümüzü daha uzun süre kullanabilir ve en

Şefkat: Barışa Götüren Tek Yol

önemlisi insanlar arasında sevgi ve dayanışmayı artırabiliriz. Amma, bu öneriyi hepimizin eyleme dökebileceğine inanıyor.

Yakın yerlere gideceğimiz zaman, benzin harcamak yerine bisikletimizi tercih edersek, egzersiz de yapmış oluruz. Günümüzde hastalıkların artmasındaki ana sebep, hareketsizlikten kaynaklanmaktadır. Bazı anneler, Amma'ya gelerek, çocuklarının spor salonu üyelik masraflarından yakınıyorlar. Amma onlara çocuklarının spor salonuna nasıl gittiklerini sorduğunda ise, salon birkaç kilometre uzakta dahi olsa, çoğunlukla araba ile bırakıldıklarını öğreniyor. Oysa çocuk yürümeyi tercih etse, hem egzersizine katkı, hem de masraflardan tasarruf yapılmış olur.

Kendi sebze bahçemizi ekmemiz de gitgide azalan bir alışkanlık haline geldi. Ufak bir toprak parçamız dahi olsa, organik gübre kullanarak, birkaç sebze yetiştirebiliriz. Onlarla vakit geçirip, konuşup, öpüp, doğa ile kuracağımız bu ilişki bize enerji ve canlılık verecektir.

Ormanlar, doğanın dengesinin korunmasında en önemli rolü oynamaktadırlar. Bugün

Sri Mata Amritanandamayi'nin Konuşması

dünyada hala doğa dengesine dair bir şeyler kaldıysa, bu mevcut ormanlar sayesindedir. Her ülke varolan ormanlarına sahip çıkmalı ve mümkün olabildiğince çok ağaçlandırma yapmalıdır. Bireysel olarak ise, her birimiz her ay bir ağaç dikme sözü vererek, senede 12 ağaç yetiştirebiliriz. Eğer herkes buna katılırsa, kısacık zamanda doğanın muhteşem güzelliğini yeniden dünyamıza kazandırabiliriz. Amma, Dacryodes excelsa isimli Karayip bölgesi kökenli bir ağacın, yetiştiği alanda, saldığı geniş ve uzun kökler sayesinde kendi türünden diğer ağaçlarla yerin altında bağlantı kurabildiğini, bu bağlantılar yardımı ile ağaçların kendi aralarında iletişim sağladıklarını duymuştur. Fırtına ne kadar güçlü olursa olsun, ağaçların kökleri sarsılmaz. Biz de, sevgi ve birlik içinde, doğa ile uyumlu yaşadığımız takdirde her türlü krizin üstesinden gelebilecek güce sahip oluruz.

Doğa bizim ilk annemizdir ve hayatımız boyunca bizi besler. Annemiz bizi birkaç sene kucağına alırken, doğa ana ise bizi sabırla tüm yaşamımız boyunca kucağında taşır. Geceleri uyumamız için ninni söyler, bizi besler ve bize bakar. Annemize, duyduğumuz sorumluluk gibi doğa anaya da aynı sorumluluğu göstermeliyiz. Bu sorumluluğu unutmak, kendimizi unutmak demektir. Doğayı unutmak, çıkışa, ölüme doğru hızla yol almaktır, yaşama son vermek demektir.

Eski günlerde çevreyi korumak adına bu kadar girişime ihtiyaç yoktu, çünkü doğayı korumak, tanrıya ve yaşama yapılan ibadetin kendisiydi. Tanrıyı hatırlamaktan ziyade insanlar doğayı ve toplumu koruyup ona hizmet ediyorlardı. Yaradanı yaratılanda görüyor, seviyor, sayıyor, ibadet ediyor ve koruyorlardı. Bu tutumumuzu yeniden uyandırmaya çalışalım. Şu anda insanoğlunun en büyük tehdidi üçüncü dünya savaşı değil, doğanın dengesinin bozulması ve ona olan bağlantımızın yavaş yavaş koparak, ondan uzaklaşıyor olmamız. Bu konuda, her bireyin farkındalığını artırarak, keskinleştirmeliyiz. Sadece o zaman insanlık ayakta kalabilir.

İnsanlık ve doğa birlikte, elele ve uyum içinde olduğunda yaşam resmi tamamlanır. Müzikte olduğu gibi, ezgi ile ritim birbirini tamamladığında, eseri dinlemek keyifli ve güzel

Sri Mata Amritanandamayi'nin Konuşması

geliyor. İnsanlar da doğanın yasalarına uygun yaşarsa, hayat güzel bir şarkıya dönüşür.

Doğa, kocaman bir çiçek bahçesi gibidir. Tüm hayvanlar, kuşlar, ağaçlar, bitkiler ve insanlar bu bahçede açan renkli çiçekler gibidir. Bu bahçenin güzelliği, ancak bunların hepsi bir bütün olarak var olduğunda tamamlanır. Böylelikle sevgi ve birliğin titreşimi yayılıp zihinlerimizle bütünleşir. Gelin, birlikte bu çeşitli çiçeklerin yok olmasını engelleyerek, bahçenin sonsuza dek güzel kalmasını sağlayalım.

Amma, önemli bulduğu ve üzerinde düşünmemizi istediği birkaç noktayı daha paylaşmak istiyor.

1. İnsan ırkının dünya yüzeyinden silinmiş olduğunu hayal edin. Gezegen bir kez daha yemyeşil bitki örtüsüne sahip olacaktır. Su ve hava berraklaşıp saflaşacak, tüm doğa neşeye bürünüp yeniden ışıldayacaktır. Bir de tersini hayal edin; dünya yüzeyinde insandan başka canlı kalmadığını. O zaman, hayatta kalmamız mümkün olmazdı. Dünya, tanrı tarafından yaratıldı ve doğanın müziği mükemmel tonda

ve ritimdedir. Bu koroda, detone olan tek ses insandan çıkmaktadır.

2. Barışın ve uyumun kaynağı sevgi ve şefkattir. Sevgi ile yüreğimizin hassas tomurcuğu çiçek açıp, sevginin tatlı kokusu etrafa yayılacaktır.

3. Toplum bir kuş gibidir. Bir kanadında bilim ve diğer kanadında maneviyat vardır. Toplumun gelişimi için, her ikisinin birlikte yol alması gerekir. Hayatta ilerlerken, manevi değerlerimize tutunursak, bilimi dünya barışı ve uyumu için bir araç olarak kullanabiliriz.

4. İç gücümüzü asla yitirmemeliyiz. Sadece aciz zihinler her şeyin karanlık tarafını görerek, kafalarını karıştırır. İyimser kişiler ise, her türlü karanlıkta tanrının lütfuna ait ışığı görürler. Bu inancın feneri bizim içimizdedir. O feneri yakın ki, attığınız her bir adımda size rehberlik eden ışığınız olsun. Geçmiş günlerin savaş hatıralarına takılı kalmaya izin vermeyin. Karanlık tarihin nefret ve rekabet ortamını unutarak, yeni bir inanç, sevgi ve birlik çağını karşılayın. Bunun için hepimiz birlikte çalışmalıyız. Ne kadar küçük olursa

olsun, hiçbir emek karşılıksız kalmayacaktır. Çölün ortasında tek bir çiçeğin açması, umut vericidir. Eyleme geçtiğimizde bu tutumu geliştirmeliyiz. Yeteneklerimiz sınırlı olsa bile, öz çabamızı küreğimiz yapıp, yaşam kayığını çekersek, o zaman tanrının lütfu rüzgarımız olup bize yardım eder.

5. Değişmeye hazır olmalıyız. Yoksa, değişmeye zorlanırız. Değişim olmazsa, ölüm olur. Birinden birini seçmeliyiz.

6. İnsanlar, yaşama hakkını saklı tutan tek canlı türü olmadığını anlamak zorundadırlar. Nice canlı türünün nesli çoktan tükendi! Sadece insanlara karşı merhametli ve nazik olmak yeterli değil. Aynı merhameti yaşayan tüm varlıklara göstermeliyiz.

7. Hastalıklardan, sivrisinek, inek ve kuş nüfusunu yok ederek kaçamayız. Doğanın dengesini eski haline getirmek, önceliğimiz olmalıdır.

Eğer savaşın kaynağı bireyin zihninde var ise, aynı zihinde barışın kaynağı da yatmaktadır. Gelecekte savaşı önlemek istiyorsak, değerlerimizi erken yaştan itibaren çocuklarımıza aşılamalıyız. Yoğurt yapmak istiyorsak, sütün içine yoğurt katıp, kaynatıp ve bir süre dinlendirmeliyiz. Aynı şekilde, ebeveynler de çocuklarına olumlu değerleri aktarmak için iyi birer örnek olmalıdırlar. Böylece kendiliğinden çocuğun içinde asil ve yüce nitelikler yükselmeye başlar.

Amma'nın dünya seyahatlerinde, savaş mağduru ülkelerden birçok ziyaretçisi gelir. Böylesi bölgelerden gelen kadınlar Amma'ya şunu söylüyorlar: "Sabahları silah sesleri ve çığlıklarla uyanıyoruz. Çocuklarımız korkuyla bize sarılıp, ağlıyor. Biz de onlara sarılıp ağlıyoruz. Kaç yıl oldu kuş cıvıltıları ile uyanmıyoruz." Gelin birlikte, silah seslerinin yerine kuş cıvıltılarının, yaşlının da gencin de gözyaşları yerine, kahkahaların alması için dua edelim.

Amma çoğu zaman – sanki bir çocuk oyunundaymış gibi – mermi ve bombaların yerini çikolata ve şekerlerin aldığını veya etrafa hoş kokuların yayıldığı ya da gökyüzünün gökkuşağının renkleriyle boyandığını düşünerek mutlu olur. Yıkımın şimşekleri merhametin şimşekleri olsaydı ya da modern silahların nokta atışı yapabildiği gibi, biz de yoksulu, evsizi ve açlık çekeni bulup onlara şefkatle elimizi uzatabilseydik ...

Gelin birlik olup dünyaya, hemcinslerimize merhameti, sevgi ve ilgimizi göstererek, bu değerlerin yeryüzünden henüz silinmediğini gösterelim. Ezelden beri insanlığı beslemiş evrensel değerlerimize bağlı kalarak, gelin, barış ve uyumun olduğu yeni bir dünya kuralım. Gelin, savaşı ve şiddeti sonsuza dek gömüp, onları masallara gönderelim. Gelin, gelecekte barış kuşağı olarak hatırlanalım.

||Om lokah samastah sukhino bhavantu||

Evrendeki tüm canlılar mutlu
ve huzurlu olsun.

www.ingramcontent.com/pod-product-compliance
Lightning Source LLC
Chambersburg PA
CBHW070637050426
42450CB00011B/3236